Quadro da Escala Cromática do Saxofone

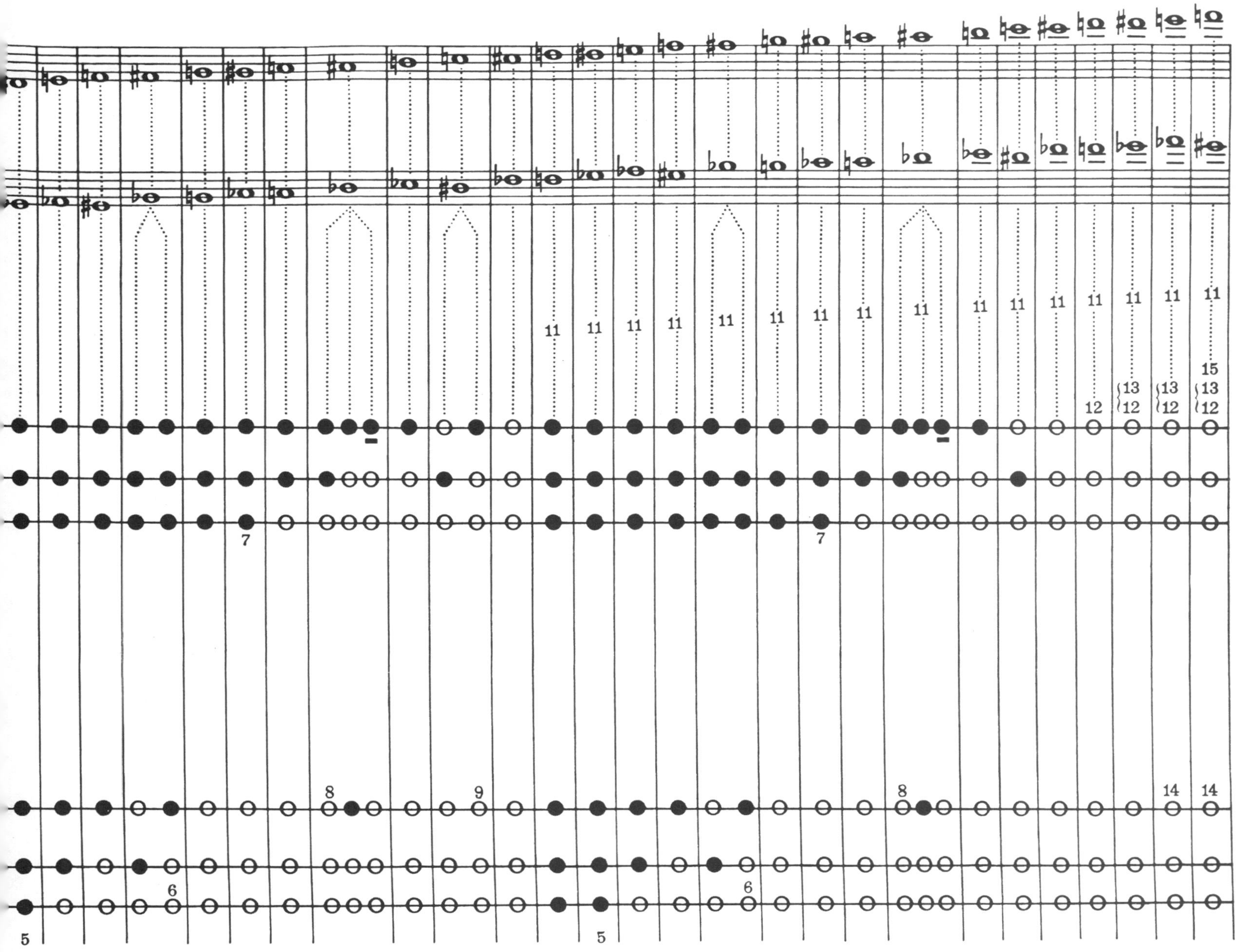

lentes aos dedos da
esquerda

ao dedo polegar.
spondem ao dedo indicador.
ao dedo médio.
respondem ao dedo mínimo.

Chaves correspondentes aos dedos da
mão direita

As chaves (8, 9 e 14) correspondem ao dedo indicador.
A chave (6) corresponde ao dedo anular.
As chaves (3 e 5) correspondem ao dedo mínimo.

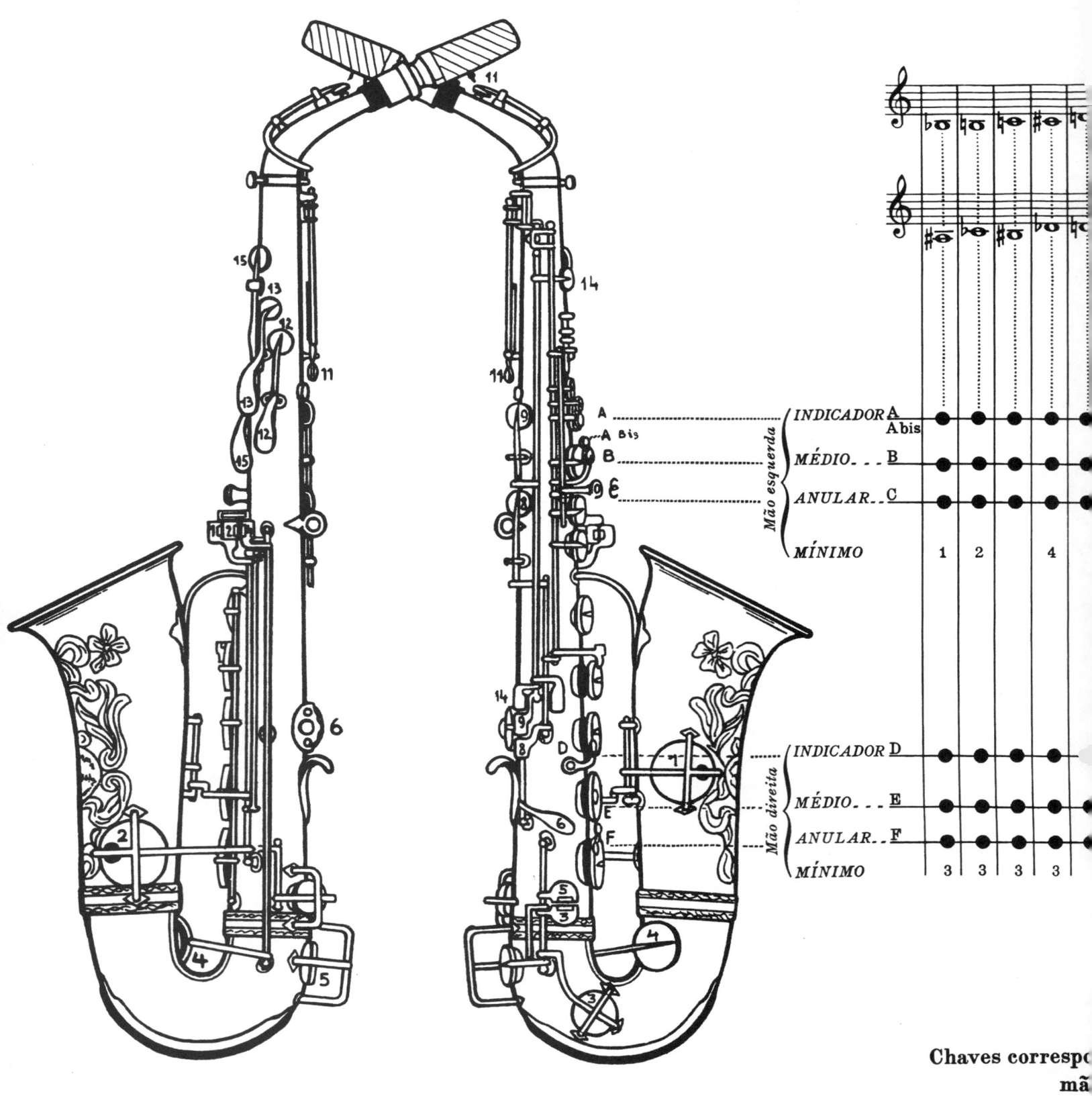

O sinal (●) indica: abaixar o disco.
O sinal (○) indica: não usar o disco.
O sinal (–) indica: abaixar o pequeno disco (A bis).
Os algarismos indicam as chaves que devem ser usadas.

Dados Internacionais de Catalogação na Publicação (CIP)
(Câmara Brasileira do Livro, SP, Brasil)

Russo, Amadeu
    Método completo de saxofone / Amadeu Russo.
-- São Paulo : Irmãos Vitale

1. Saxofone - Métodos I. Título.

ISBN nº 85-85188-45-6
ISBN nº 978-85-85188-45-0

97-1101   CDD-788.707

Indices para catálogo sistemático:

1. Métodos de ensino para saxofone : Música   788.707

DO SAXOFONE

O Saxofone foi inventado pelo artista belga Adolfo Sax.

Fabrica-se em seis diferentes tamanhos, formando, assim, a chamada *família dos Saxofones*.

Denominam-se: 1.º Saxofone agudo em *mi* ♭. 2.º Soprano em *si* ♭, 3.º Alto em *mi* ♭, 4.º Tenor em *si* ♭, 5.º Barítono em *mi* ♭ e 6.º Baixo em *si* ♭.

O Saxofone agudo em *mi* ♭ e o Baixo em *si* ♭, são pouco usados.

A boquilha do Saxofone, quase idêntica à da Clarineta, varia somente nas dimensões de acordo com a tonalidade e o tamanho do instrumento.

POSIÇÃO DO CORPO, DAS MÃOS E DOS DEDOS

O corpo deve permanecer direito. Os braços devem cair naturalmente ao longo do corpo, permanecendo quase que unidos ao mesmo.

A mão esquerda coloca-se na parte superior do instrumento.

Os dedos indicador, médio e anular servem para fechar os orifícios que se acham nessa parte do instrumento, por meio de três pequenos discos assinalados pelas letras A-B-C. O polegar coloca-se na parte oposta aos três dedos já citados e serve para abrir a chave n.º 11, que produz as oitavas.

A mão direita, ocupando a parte inferior do instrumento, fecha com os dedos indicador, médio e anular os orifícios por meio dos discos marcados com as letras D-E-F.

O dedo polegar, colocado na parte oposta aos outros dedos, serve para sustentar o instrumento.

DA PALHETA

A palheta, aplicada sobre a parte chata da boquilha e presa pela braçadeira, deve ser colocada de modo a deixar na extremidade uma abertura de um milímetro para os pequenos saxofones e de dois milímetros para os demais.

DA EMBOCADURA

A boquilha introduz-se na boca com a palheta para baixo. Os lábios devem ser ligeiramente dobrados para dentro a fim de impedir que os dentes mordam a boquilha e influam sobre a qualidade do som.

As vibrações da palheta, que são obtidas pela introdução do ar, no instrumento, por um golpe de língua, produzem o som.

Os lábios são de grande importância na afinação e sonoridade do instrumento.

Introduzindo-se demasiadamente a boquilha na boca o diapasão eleva-se, isto é, os sons produzidos são mais altos do que deveriam ser e afrouxando-se os lábios, os sons produzidos são sem vigor e baixos.

Deduz-se de tudo isto que, quando alguma nota do instrumento for alta, é bastante afrouxar um pouco os lábios, e quando a nota for baixa, apertar os lábios, corrigindo assim o defeito das mesmas.

LIGAÇÃO OU LIGADURA

Para se obterem as notas ligadas, é preciso dar o golpe de língua somente na primeira nota, sustentando as outras por meio do sopro emitido.

É necessário notar que, quando o movimento das notas é *ascendente*, o sopro deve sair com mais pressão, apertando-se para isso os lábios, porém quando o movimento é *descendente*, basta afrouxar gradualmente os lábios.

EXTENSÃO DOS SAXOFONES E SUA CORRESPONDÊNCIA REAL

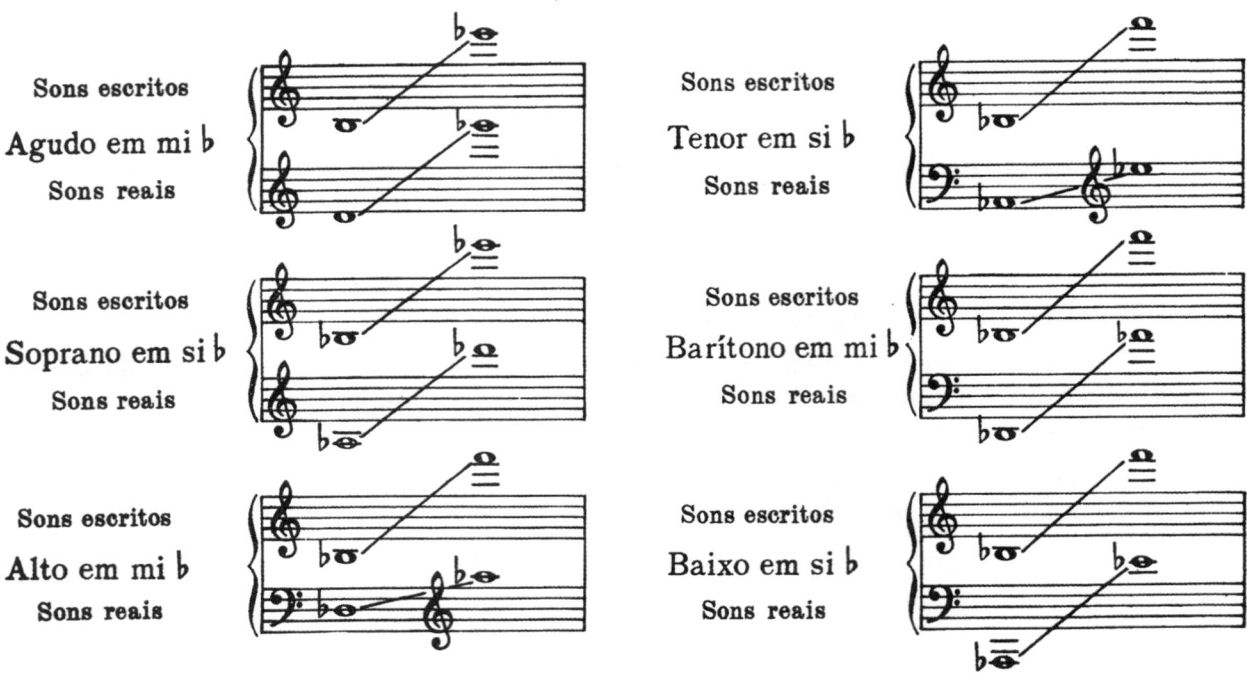

Primeiros estudos

O aluno começará a estudar a seguinte série de quatro notas por serem as mais fáceis, preparando-se, assim, progressivamente, para a emissão da inteira escala diatônica.

1

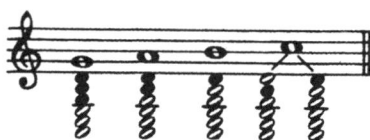

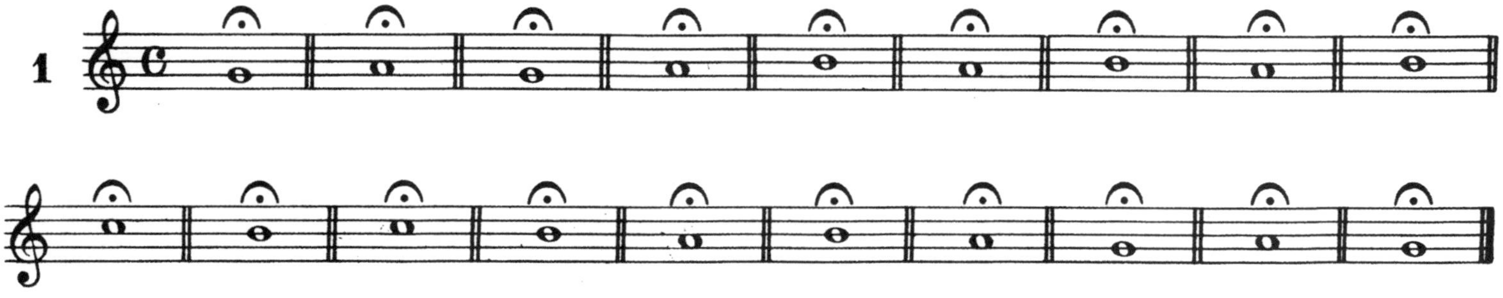

2

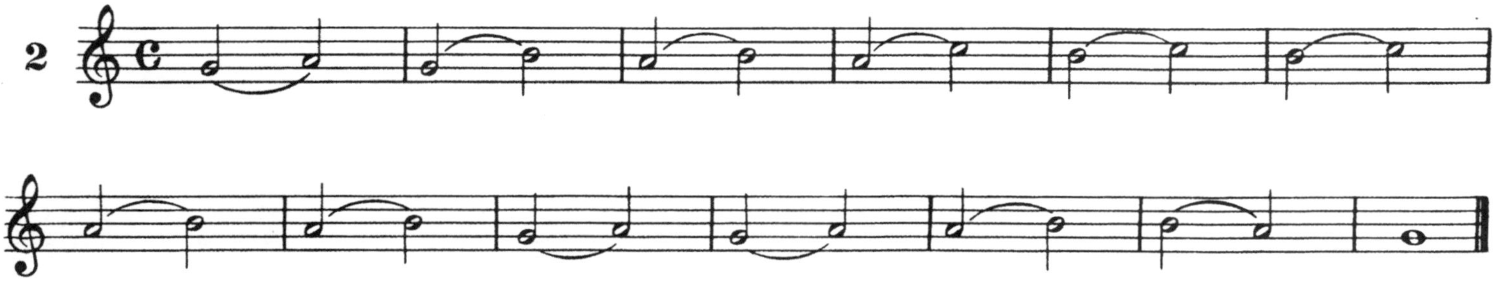

3

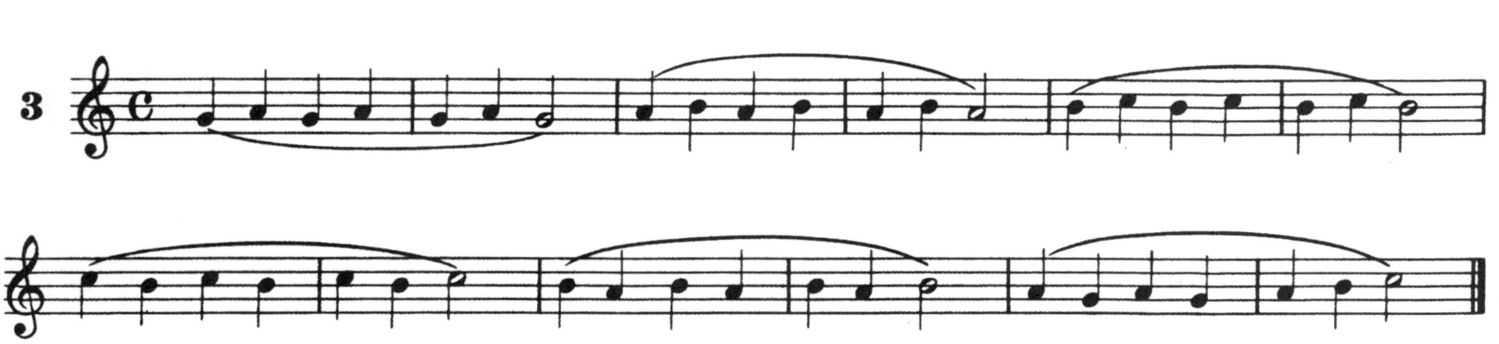

4

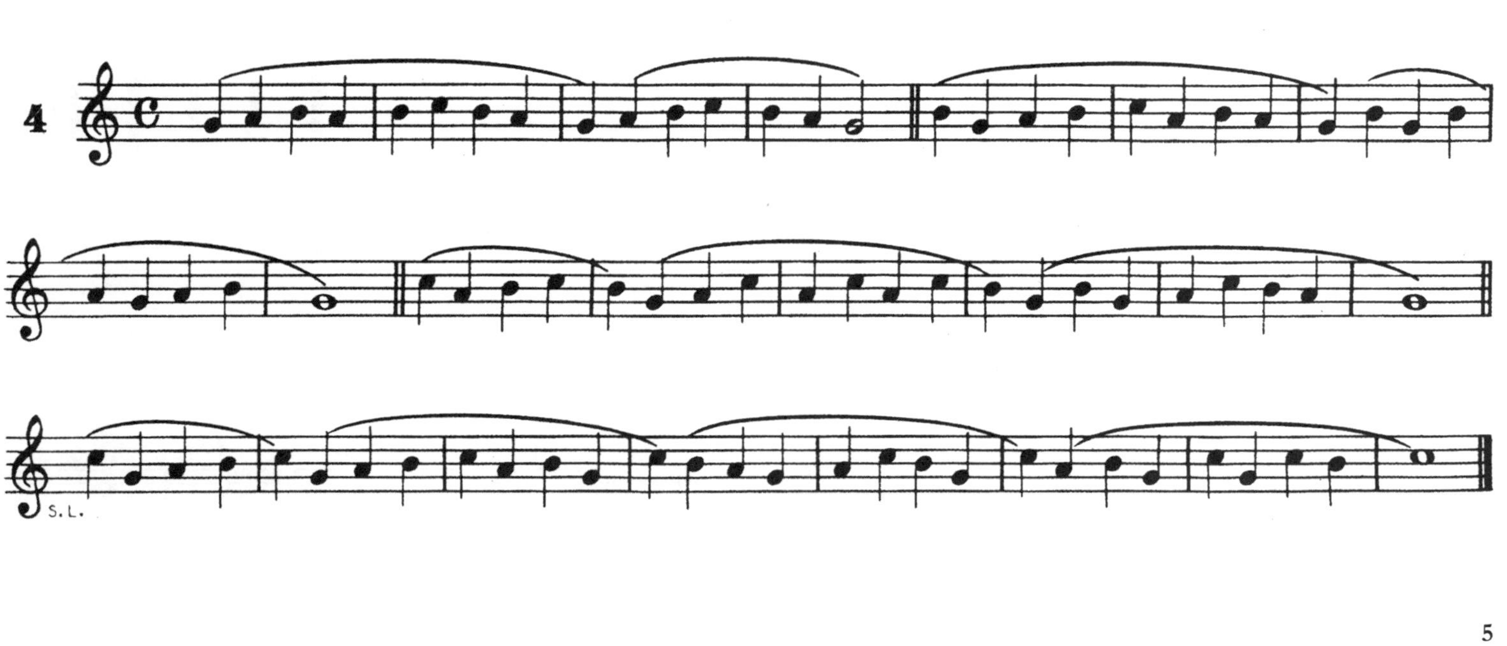

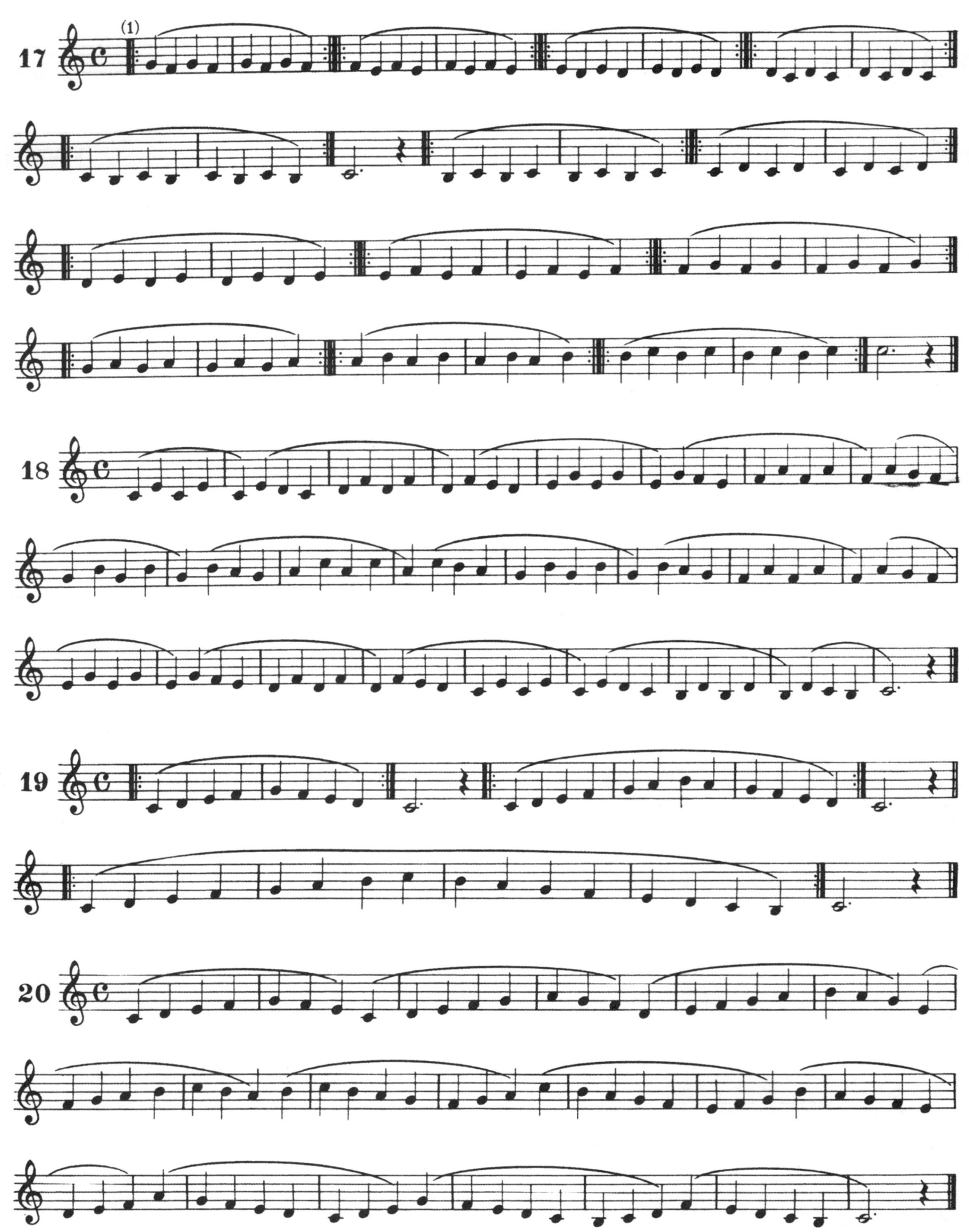

(1) O exercício nº 17 deve ser estudado lentamente, para depois começar a apressar o movimento pouco a pouco até o possível.

PEQUENOS ESTUDOS MELÓDICOS

Exercícios para a emissão dos sons do registro agudo

O dedilhado, para a emissão dos sons do *registro superior* ou *agudo*, é idêntico ao do *registro inferior*.

Obtem-se a emissão desses sons abrindo com o dedo polegar da mão esquerda a chave nº 11, chamada comumente *chave do registro agudo*.

Pelo que expusemos acima, vê-se que para emitirem-se os sons desde o 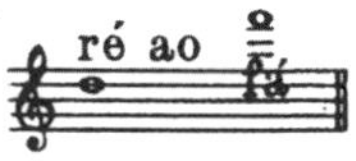 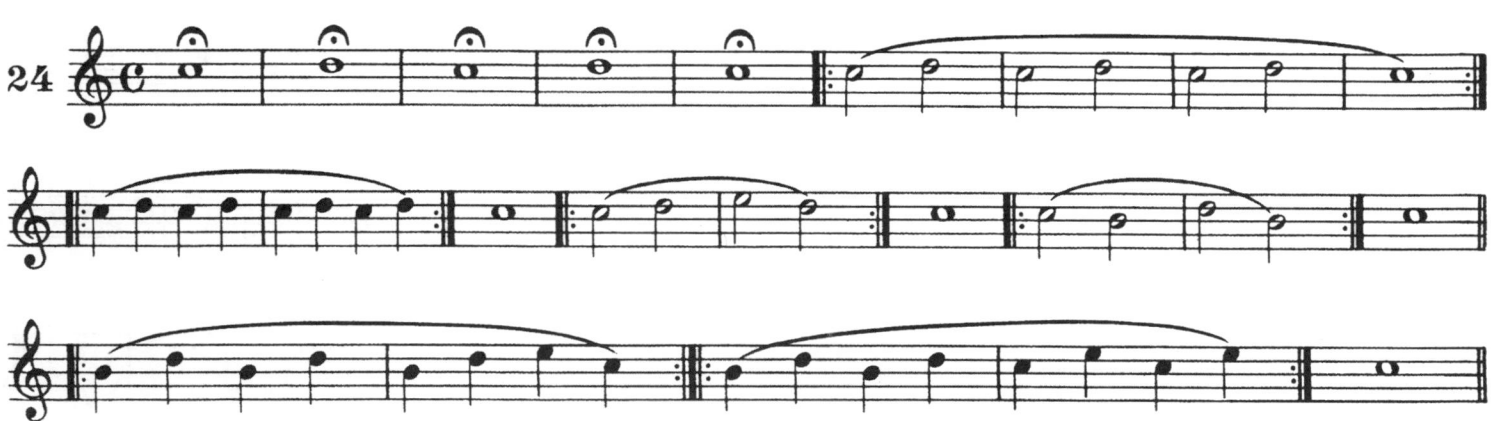 a chave nº 11 permanecerá sempre aberta.

INTERVALOS E EXERCÍCIOS RELATIVOS
Intervalos de 2.ª

Intervalos de 3.ª

Estudo melódico

Intervalos de 4.ª

Estudo melódico

Intervalos de 5ª

Estudo melódico

Intervalos de 7ª

Exercícios sobre os intervalos mistos

Exercícios progressivos

Exercícios para aprender a escala cromática

Escala cromática

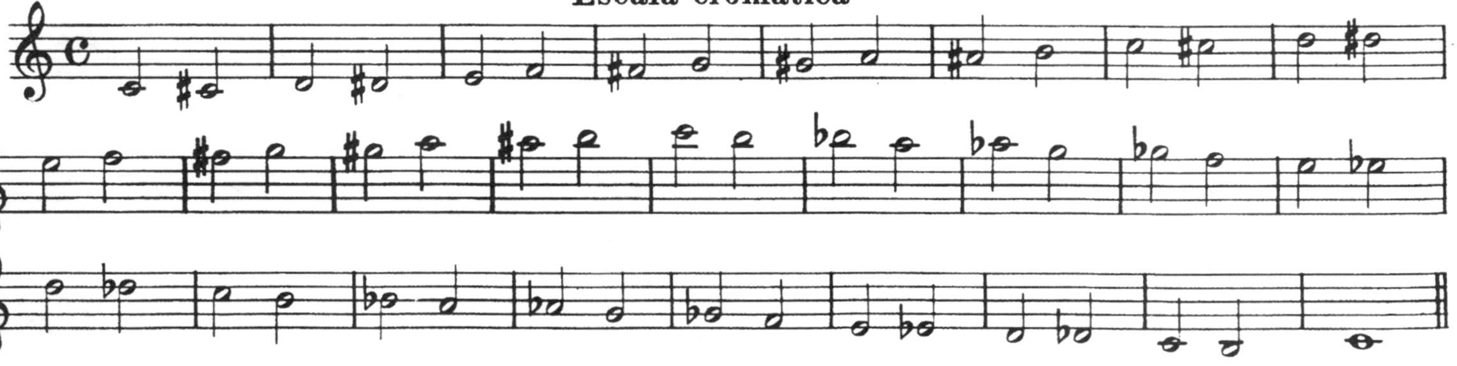

ORNAMENTOS

Chama-se ornamento a todas aquelas notas auxiliares que servem para embelezar a música. Os principais ornamentos são: a *Appoggiatura*, o *Mordente*, o *Gruppetto* e o *Trinado* ou *Trillo*.

APPOGGIATURA

A *appoggiatura* é uma pequena nota auxiliar que precede a nota real e que se encontra tanto acima como abaixo da nota.

A *appoggiatura breve* representa-se por uma pequena colcheia cortada por uma barra transversal(♪).

EXEMPLO

Estudo sobre a appoggiatura

Da união da *appoggiatura* superior e inferior resulta a *appoggiatura dupla.*

EXEMPLO

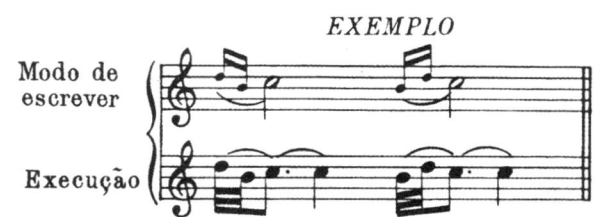

Estudo sobre a appoggiatura dupla

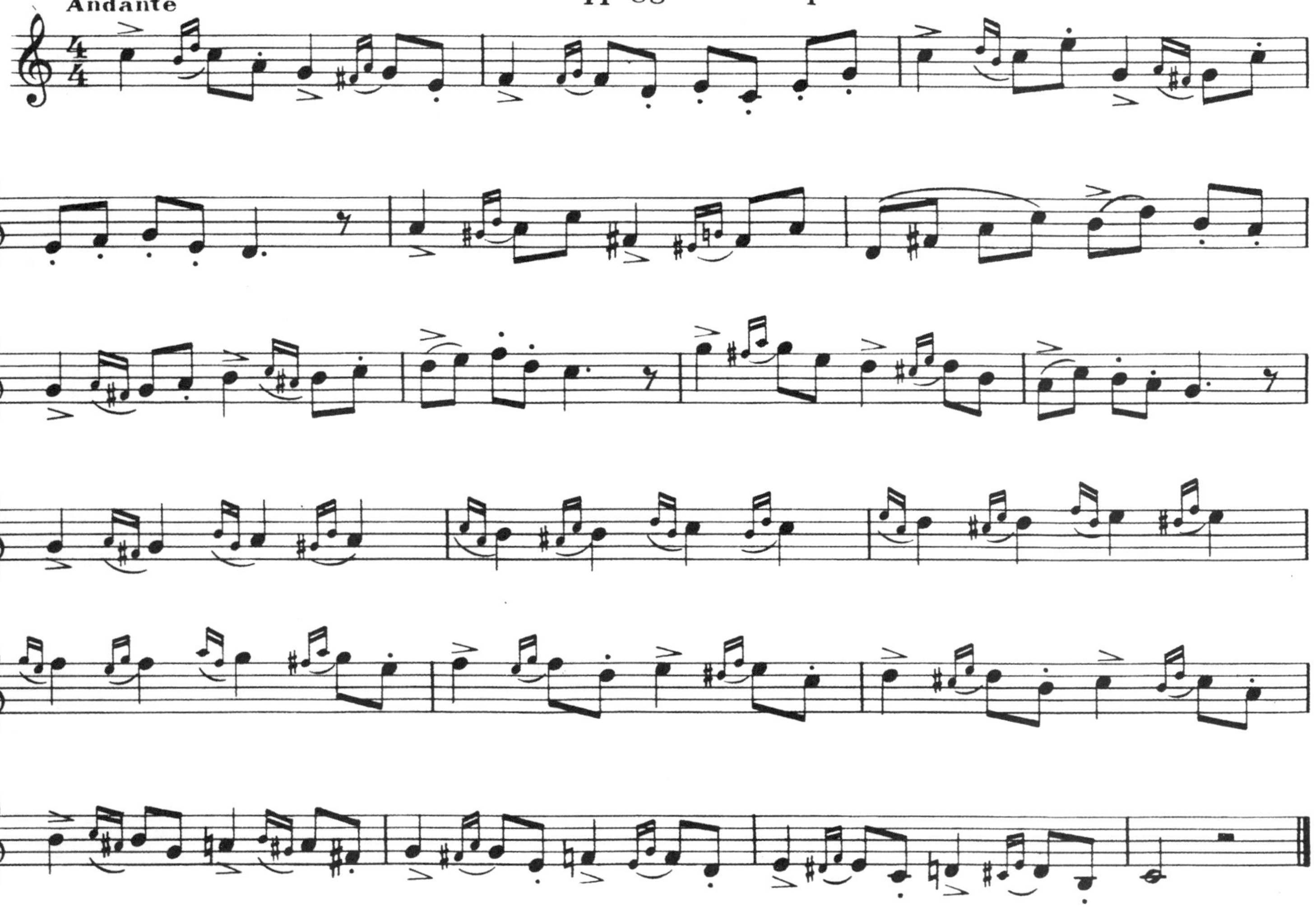

MORDENTE

A execução rápida de duas notas de grau conjunto chama-se *mordente.*

O *mordente* é superior quando representado pelo sinal (𝆗) e inferior quando indicado pelo sinal (𝆘) .

EXEMPLO

Para alterar a nota de passagem do *mordente* coloca-se o acidente acima do sinal (♭ 𝆗) para a alteração superior e abaixo para a alteração inferior (𝆘 ♯)

EXEMPLO

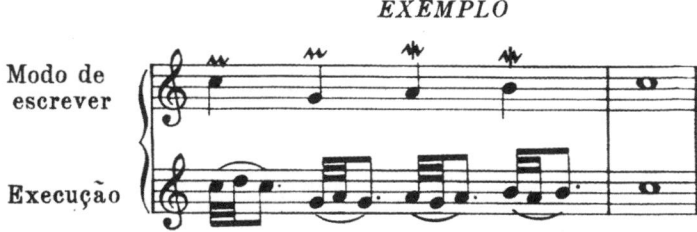

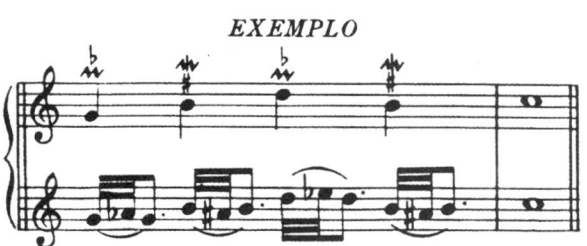

DA TÉCNICA

A música não é outra coisa senão um composto de *escalas* e *arpejos*.

Para que o aluno se torne senhor do seu instrumento necessita conhecer todo o dedilhado do mesmo e executar qualquer combinação de notas com perfeição.

Com o estudo das *escalas* e *arpejos*, o aluno conseguirá uma técnica perfeita, capaz de vencer qualquer dificuldade que se lhe possa deparar.

Recomenda-se, portanto, ao aluno que o primeiro exercício a ser estudado diariamente, antes de qualquer outro, seja o estudo das *escalas* e *arpejos*, devendo estudá-los primeiro lentamente e depois apressando o movimento pouco a pouco até o possível.

As *escalas* e *arpejos* devem ser estudados nas oito diferentes maneiras de *articulação* que se acham expostas no exemplo seguinte.

ESCALA DIATÔNICA

A progressão por graus conjuntos de oito sons chama-se *escala*.

O oitavo som é a repetição do primeiro.

Cada um destes sons é um *grau* e tem seu nome próprio.

O 1.º grau chama-se *Tônica*, o 2.º *Sobretônica*, o 3.º *Mediante*, o 4.º *Subdominante*, o 5.º *Dominante*, o 6.º *Sobredominante*, o 7.º *Sensível* e o 8.º *Oitavo da Tônica*.

A escala diatônica é de cinco tons e dois semitonos diatônicos.

Exercícios sobre a escala e arpejos em Dó maior

Exemplo das diferentes maneiras de articulação. (1).

(1) As oito maneiras de articulação, acima expostas, deverão ser empregadas em todas as escalas que se encontram no decorrer deste método.

Escala em DÓ maior

Exercício misto

DA EXPRESSÃO

A *expressão* na música consiste em dar-lhe graça, jovialidade e vida.

A expressão é o *colorido*, sem o qual a música perderia todo o interesse e tornar-se-ia insípida e monótona.

Os principais coloridos são: o *crescendo* (*cresc.*) que se representa também com o sinal $<$ e serve para aumentar o som; o *diminuendo* (*dim.*), representado também pelo sinal $>$, serve para diminuir o som; o *sforzando* (*sf* ou $>$) que serve para reforçar o som; o **p** (indica execução branda); **pp** (indica execução suave); **f** (exige execução vigorosa); **ff** (indica execução forte e mais vigorosa).

Além destes sinais expressivos, acima citados, há muitos outros que a prática ensinará.

Para emitir um som *piano e crescendo* (**p** e *cresc.*), é necessário atacar o som com um suave golpe de língua e aumentá-lo gradualmente até o *forte* (**f**).

O som *forte* e *diminuendo* (**f** e *dim.*), obtem-se atacando a nota com um golpe de língua seco e forte e diminuí-lo gradualmente até o *piano* (**p**).

EXEMPLO

Estudo melódico em DÓ maior

Estudo em DÓ maior

Escala em LÁ menor

Arpejos em LÁ menor

Arpejos sobre os acordes de 7.ª

Arpejos sobre os acordes de 9.ª

Estudo melódico em LÁ menor

Moderato

Estudo em LÁ menor

Andantino (♩.=80)

Estudo em SOL maior

1

Arpejos em SOL maior

Arpejos sobre os acordes de 7.ª

Arpejos sobre os acordes de 9.ª

Estudo melódico em SOL maior

Escala em MI menor

Arpejos em Mi menor

Arpejos sobre os acordes de 7ª

Arpejos sobre os acordes de 9ª

Estudo melódico em MI menor

Escala em FÁ maior

Arpejos em FÁ maior

Arpejos sobre os acordes de 7ª

4

Arpejos sobre os acordes de 9ª

5

Estudo melódico em FÁ maior

Estudo em FÁ maior

Largo (♩.=60)

Arpejos em RÉ menor

Arpejos sobre os acordes de 7ª

Arpejos sobre os acordes de 9ª

Estudo melódico em RÉ menor

Estudo em RÉ menor

Escala em RÉ maior

Arpejos em RÉ maior

Arpejos sobre os acordes de 7ª

Arpejos sobre os acordes de 9ª

Estudo melódico em RÉ maior

Estudo em RÉ maior

Escala em SI menor

1

Arpejos em SI menor

Arpejos sobre os acordes de 7ª

Arpejos sobre os acordes de 9ª

Estudo melódico em SI menor

Larghetto (♩=84)

Estudo em SI menor

Escala cromática

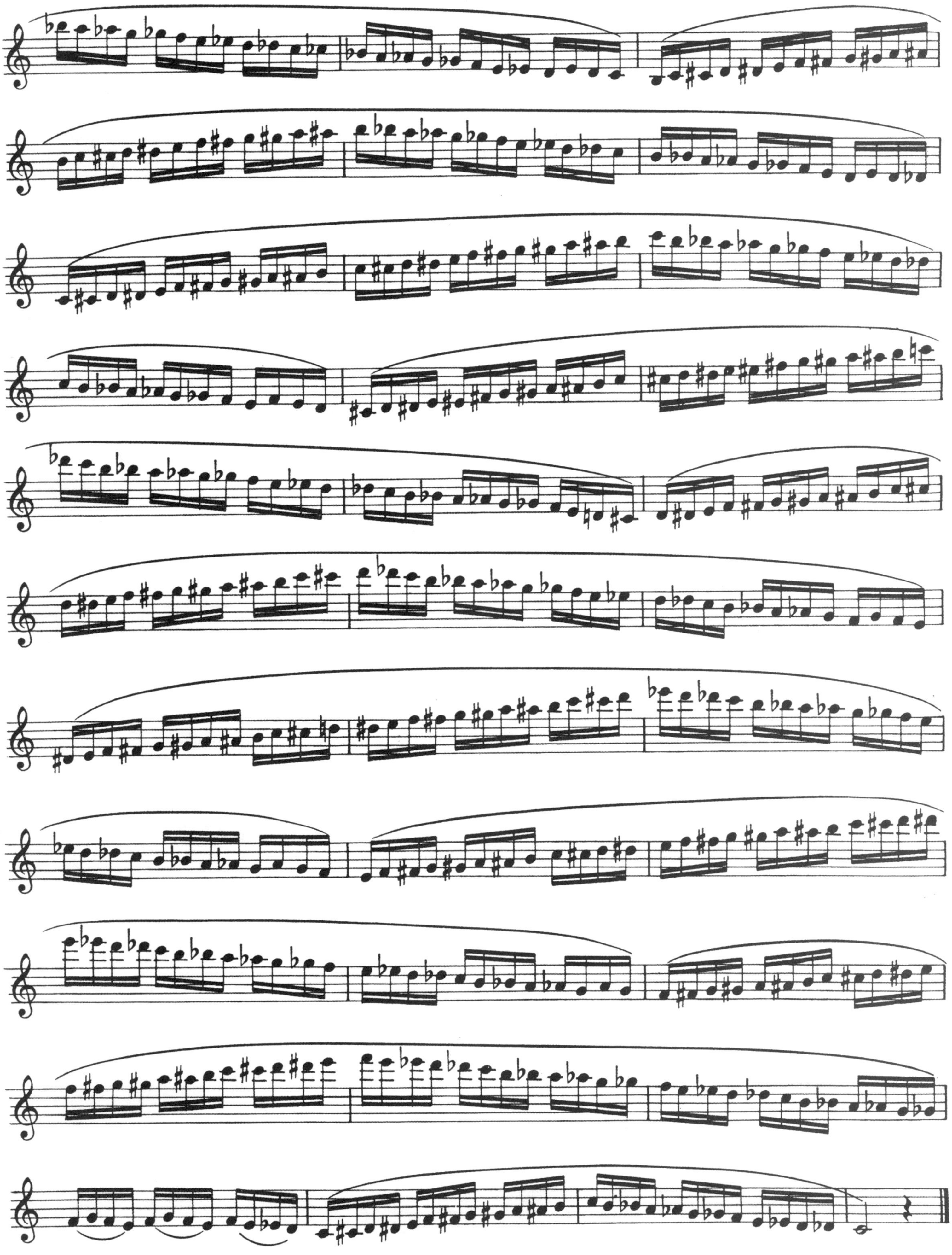

GRUPPETTO

O conjunto de três ou quatro notas que se sucedem com rapidez por grau conjunto chama-se *gruppetto*.

O *gruppetto* é representado pelo sinal (∞) que colocado sobre uma nota indica que o *gruppetto* será composto de três notas, e colocado entre duas indica que será de quatro notas.

Quando o sinal começa de cima (∞) o *gruppetto* será superior, isto é, começa pela nota superior à nota real e termina pela nota inferior.

A execução será ao contrário quando o sinal estiver em sentido inverso (∞).

Exemplo sobre o "gruppetto" de três notas

Exemplo sobre o "gruppetto" de quatro notas

Para alterar o som auxiliar superior, coloca-se o acidente sobre o sinal (♭∞) e colocando-o abaixo do sinal (∞♯) altera o som inferior.

Outra maneira de executar o *gruppetto* quando acha-se colocado depois de uma nota com ponto.

Para a alteração simultânea, colocam-se os acidentes um abaixo e outro acima do sinal (♭∞♯).

Estudo sobre o gruppetto

Largo (♩:54)

TRINADO

O efeito que produzem duas notas de grau conjunto tocadas alternadamente e com rapidez chama-se *trinado*.

É representado pela abreviatura (tr) que se coloca sobre a nota e é seguida por uma linha ondulada (〰〰) que indica o limite do *trinado*.

O *trinado* prepara-se e resolve-se de diversas maneiras.

A nota auxiliar do *trinado* será sempre uma nota superior de segunda maior ou menor.

EXEMPLO

(1º) Modo de escrever / Execução

(2º)

(3º) Modo de escrever / Execução

Para se alterar a nota auxiliar coloca-se o acidente abaixo do (tr/♭)

(4º)

Estudo sobre o trinado

Escala em SI♭ maior

Arpejos em SI♭ maior

Arpejos sobre os acordes de 7ª

Arpejos sobre os acordes de 9ª

Estudo melódico em Si♭ menor

Largo (♩=58)

p espressivo

mf

f

Più mosso

mf staccato

p

cresc.

f

Iº Tempo

p

dim.

Estudo em SIb maior

Escala em SOL menor

Arpejos em SOL menor

Arpejos sobre os acordes de 7ª

4

Arpejos sobre os acordes de 9ª

5

Estudo melódico em SOL menor

Allegretto (♩=120)

f energico

Estudo em SOL menor

Moderato (♩=69)

Escala em LÁ maior

Arpejos em LÁ maior

Arpejos sobre os acordes de 7ª

Arpejos sobre os acordes de 9ª

Estudo melódico em LÁ maior

Larghetto (♩=80)

Estudo em LÁ maior

Largo (♩.=60)

Escala em FÁ# menor

1

Arpejos em FÁ# menor

Arpejos sobre os acordes de 7ª

Arpejos sobre os acordes de 9ª

Estudo melódico em FÁ# menor

Moderato (♩=80)

D.C. al Fine

Estudo em FÁ# menor

Moderato (♩=92)

Escala em MI♭ maior

Arpejos em MI♭ maior

Arpejos sobre os acordes de 7ª

Arpejos sobre os acordes de 9ª

5

Estudo em MIb maior

Allegro (♩.=126)

Escala de DÓ menor

Arpejos em DÓ menor

Arpejos sobre os acordes de 7ª

Arpejos sobre os acordes de 9ª

Estudo melódico em DÓ menor

Escala em MI maior

Arpejos em MI maior

1

Arpejos sobre os acordes de 7ª

4

Arpejos sobre os acordes de 9ª

5

Estudo em MI maior

Allegretto (♩.=120)
p staccato e cresc.

Meno (♩.=72)

D.C. al Fine

Escala em DÓ♯ menor

1

Arpejos em DÓ# menor

Arpejos sobre os acordes de 7ª

Arpejos sobre os acordes de 9ª

Estudo em DÓ# menor

p cresc. e accel.

mf a tempo

f   *p*

Escala em LAb maior

1

2

3

Arpejos em LAb maior

1

Arpejos sobre os acordes de 7ª

Arpejos sobre os acordes de 9ª

Estudo em LÁ♭ maior

Lento (♩.=72)

Escala em FÁ maior

Arpejos em FÁ menor

1.

Arpejos sobre os acordes de 7ª

4.

Arpejos sobre os acordes de 9ª

5.

Allegro (♩=132)

Estudo em FÁ menor

Escala em SI maior

Arpejos em SI maior

Arpejos sobre os acordes de 7ª

4

Arpejos sobre os acordes de 9ª

5

Estudo em SI maior

Largo (♩= 66)

Escala em SOL# menor

Arpejos em SOL# menor

Arpejos sobre os acordes de 7ª

Arpejos sobre os acordes de 9ª

Estudo em SOL♯ menor

Escala em RÉ♭ maior

Arpejos em RÉ♭ maior

Arpejos sobre os acordes de 7ª

Arpejos sobre os acordes de 9.ª

5

Estudo em RÉ♭ maior

Allegretto (♩=126)

mf brillante

Escala em SI♭ menor

Arpejos em SI♭ menor

1.

2.

3.

Arpejos sobre os acordes de 7ª

4.

Arpejos sobre os acordes de 9ª

5.

Estudo em SI♭ menor

Larghetto (♩= 84)

Escala em FÁ♯ maior

Escala em RÉ♯ menor

Escala em SOL♭ maior

Escala em MI♭ menor

Escala em DÓ♯ maior

Escala em LA♯ menor

Escala em DO♭ maior

Escala em LA♭ menor

Três estudos melódicos em duo de Saxofones
Melodia

Largo (♩=66)

mf
p cresc. e accel. poco a poco
f a tempo
p sentito
p cresc. e animando
f
dim.
rall.
Dal 𝄋 al 𝄌
rall.
cresc.
f

Minueto

rit.
Dal 𝄋 al ⊕
Fine.
Trio.
p molto meno
(A)
tr
rall.
a tempo
1.
2.
rit.
dal 𝄋 al Fine
(A)

Marcha dos Anões

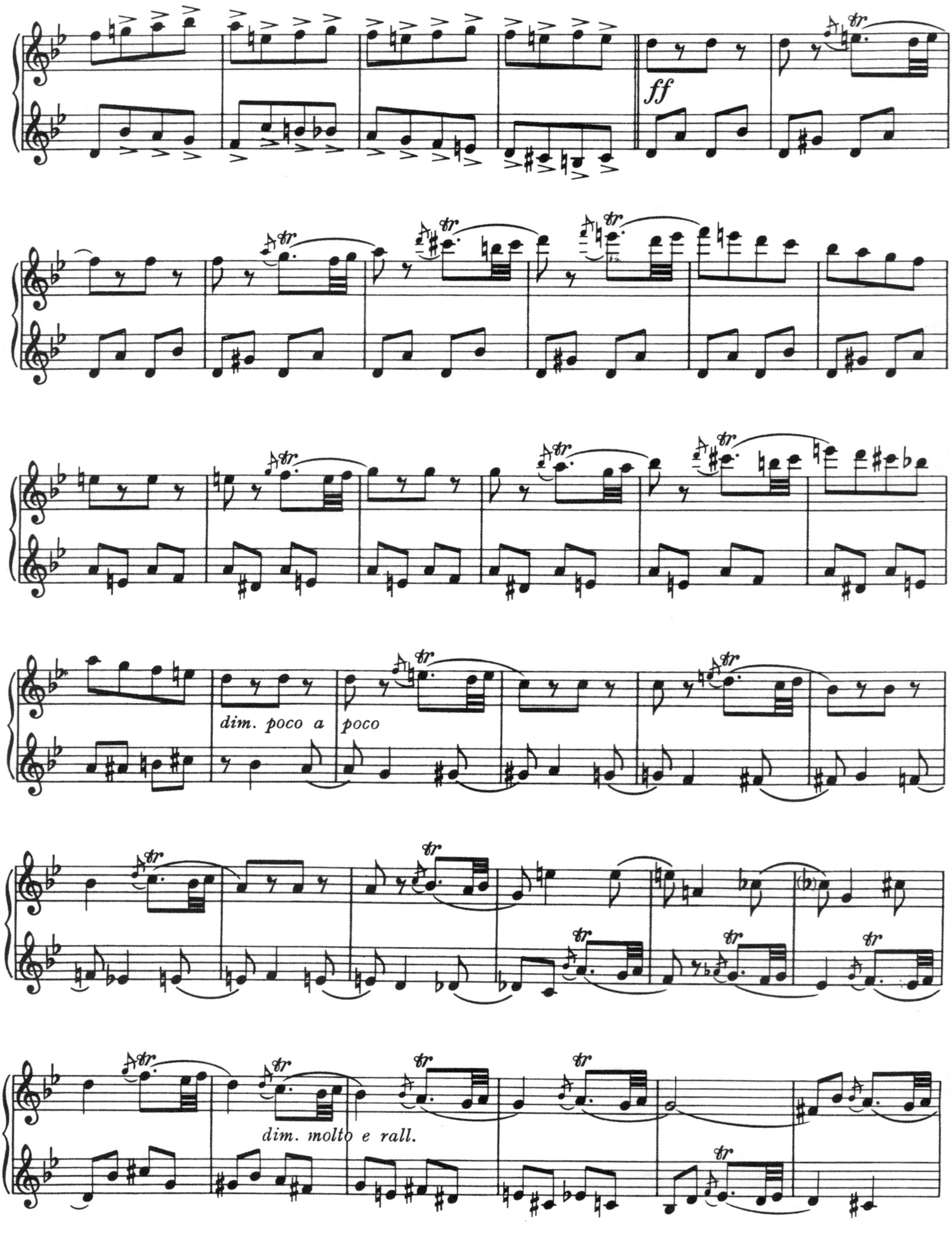
ff
dim. poco a poco
dim. molto e rall.

Poco meno
Fine
p brillante
rit.
a tempo
rit.
a tempo
cresc.
cresc. molto
ff
pp e cresc.
mf cresc. sempre

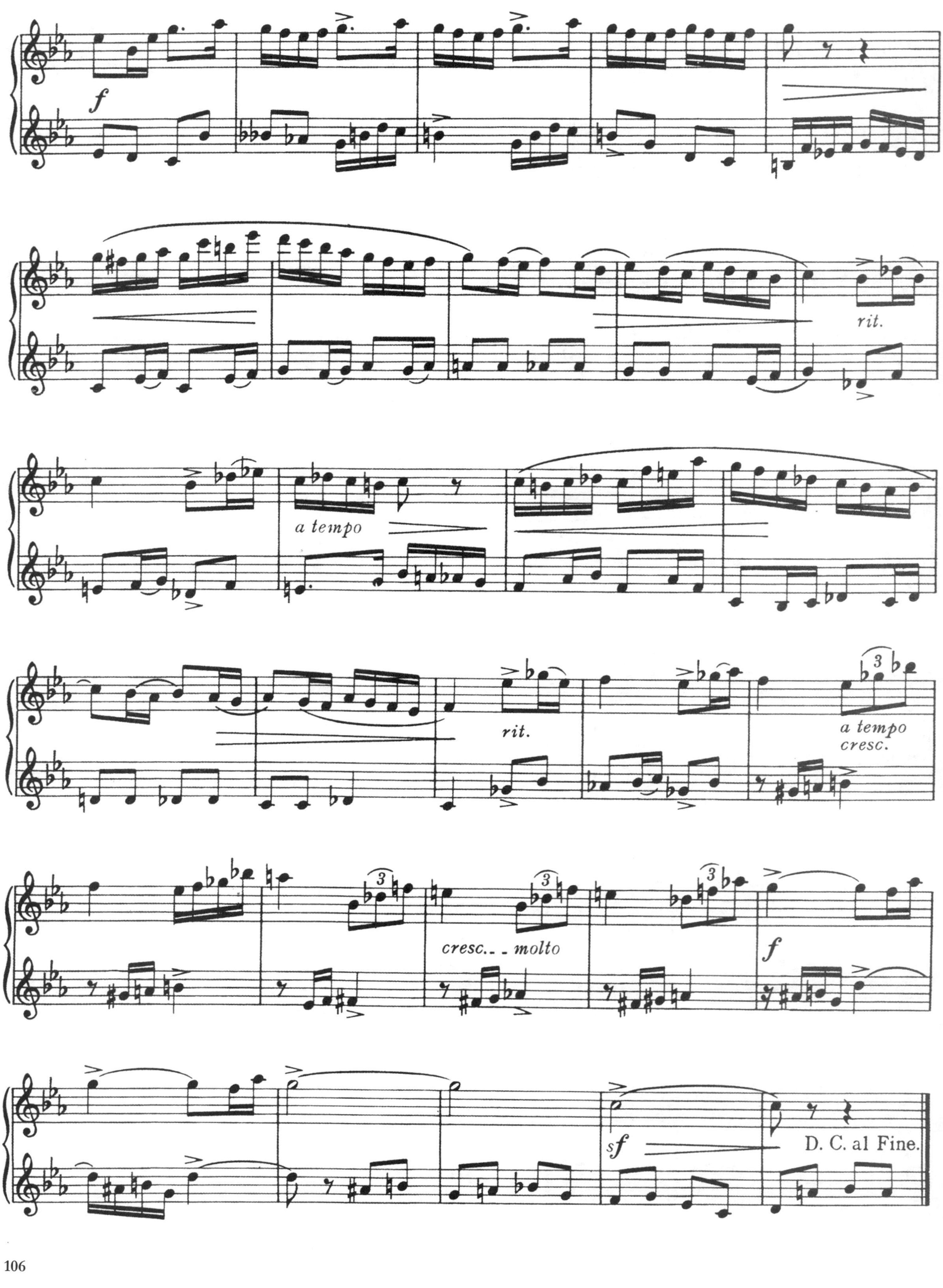
f
rit.
a tempo
rit.
a tempo
cresc.
cresc... molto
f
sf
D. C. al Fine.